Inhalt

Forst- und Holzwirtschaft - Deutsches Holz erlebt eine Renaissance

Kernthesen

Beitrag

Fallbeispiele

Zahlen und Fakten

Weiterführende Literatur

Impressum

GENIOS BranchenWissen Nr. 02/2006 vom 25.02.2006

Forst- und Holzwirtschaft - Deutsches Holz erlebt eine Renaissance

Autor GENIOS BranchenWissen: X.Huber

Kernthesen

- In keinem anderen Land in Europa gibt es soviel Holz wie in Deutschland.
- Die Fläche der Bundesrepublik Deutschland ist zu 30% mit Wald bedeckt, wobei der Wald zu 60% aus Nadelbäumen und 40% aus Laubbäumen besteht.
- Der Sektor Forst und Holzwirtschaft beschäftigt mehr als 1,3 Millionen Menschen, umfasst rund 185 000 Betriebe und erzielt einen jährlichen Umsatz von etwa 181 Milliarden Euro.

- Holz schont nicht nur das Klima, sondern auch den Geldbeutel, denn es ist als Brennstoff günstiger als Öl.

Beitrag

Ein großer Teil Deutschlands ist von Wald bedeckt. Gleichzeitig Lebensraum für eine vielfältige Flora und Fauna sowie Erholungsraum für viele Menschen, trägt er zur Verbesserung von Boden, Luft, Wasser und Klima bei. Der Wald ist aber auch Lieferant für den umweltfreundlichen Rohstoff Holz und letzteres gewinnt aufgrund der hohen Öl- und Gaspreise stark an Bedeutung.

Der deutsche Wald

Die Fläche der Bundesrepublik Deutschland ist zu 30% mit Wald bedeckt. Dagegen hat die Landwirtschaft einen Flächenanteil von 54% und nur 16% unseres Landes besteht aus Siedlungs-, Industrie- und Verkehrsfläche. Der deutsche Wald wächst jährlich um ca. 100 Millionen Kubikmeter, die Forstbetriebe holen aber nur etwa zwei Drittel des Zuwachses aus den Wäldern. Der Laubbaumanteil im deutschen Wald beträgt dabei ca. 40%, den größten

Anteil mit ca. 60% tragen die Nadelbäume. (1), [Abb.1]

Der Waldschadensbericht der deutschen Bundesregierung zeigt, dass genau 29%, d.h. fast ein Drittel der Gesamtfläche des deutschen Waldes, schwere Schäden aufweist. Unter schweren Schäden versteht man eine deutliche Kronenverlichtung. Im Vergleich zum Jahr 2004 bedeutet dieses einen Rückgang von 2%. Der Anteil des Waldes mit geringer Verlichtung liegt geringfügig über dem Anteil in vorangegangenem Jahr mit 42%. Der Anteil der Waldfläche ohne erkennbaren Schaden (Verlichtung) beträgt 29%. (2)

Die Situation der deutschen Holz- und Forstwirtschaft

Die deutsche Holzwirtschaft ist der nachgelagerte Wirtschaftsbereich der heimischen Forstwirtschaft. Die Holz- und Forstwirtschaft nach EU-Definition hat mehr Beschäftigte als die Automobilindustrie und erwirtschaftete einen höheren Umsatz als die Elektroindustrie oder der Maschinen- und Anlagenbau. Dieser Sektor beschäftigt mehr als 1,3 Millionen Menschen, umfasst rund 185 000 Betriebe und erzielt einen jährlichen Umsatz von etwa 181 Milliarden Euro. Zu diesem Ergebnis kam die erste

Clusterstudie Forst- und Holzwirtschaft Bundesrepublik Deutschland 2005 der Universität Münster. [Abb.2]

Die Studie hat erstmals die enorme Bedeutung dieses Sektors hervorgehoben. Nach der wirtschaftspolitischen Bedeutung wird auch die umweltpolitische Bedeutung der Forst- und Holzwirtschaft in den nächsten Jahren weiter steigen. Die nachhaltig bewirtschafteten Wälder sind eine sich selbst erneuernde Rohstoffquelle mit vielen ökologischen Vorteilen. Die nachhaltige Bewirtschaftung wurde von den deutschen Waldbauern eingeführt, denn seit 200 Jahren darf nicht mehr Holz geschlagen werden als nachkommt. (3)

Auswirkungen der Forst- und Verwaltungsreform

Trotzdem haben viele kleinen Waldbesitzer ihre Mühe und Not mit ihrem Wald. Der Holzverkauf wurde bisher von den Forstämtern mit übernommen. Aus Kostengründen ist dies aber in Zukunft nicht mehr möglich, da die meisten Forstämter Personal einsparen müssen. Die Forstämter sind 2005 in die Landratsämter integriert worden. Die verbleibenden

Förster können die Vermarktung für die kleinen Waldbesitzer nicht mehr mit übernehmen. Außerdem hat der Verband der Säge- und Holzindustrie kritisiert, die Bündlung des Verkaufs über die Ämter verstoße gegen das Wettbewerbsrecht und hat dagegen geklagt. Nun muss das Kartellamt entscheiden. (6)

Nach dem die Forstämter jetzt wie private Unternehmen geführt werden, gibt es mehrere Punkte die sich in Bezug auf den Wald verändert haben. Ein Beispiel sind die Waldbenutzungsgebühren, die in einem Entgeltkatalog festgelegt sind und auf deren Einhaltung nun strikt geachtet wird. Wer beispielsweise eine Marathonveranstaltung plant, die durch einen Wald führt, muss dafür nun Gebühren zahlen. Man darf auch mit seinen Rettungshunden nicht mehr so einfach im Wald üben ohne dafür zu bezahlen (z.B. Samariter Bund). Auch die Durchleitungsrechte für Trinkwasserleitungen und Abwasserkanäle werden jetzt teilweise neu verhandelt. In Zukunft soll zwischen gemeinnützigen und kommerziellen Veranstaltungen im Wald unterschieden werden und nur für letztere sollen Gebühren erhoben werden. (5)

Was geschieht eigentlich mit dem deutschen Holz?

In keinem anderen Land in Europa gibt es soviel Holz wie in Deutschland, - auch nicht in Schweden oder Finnland, wie man vielleicht meinen könnte. Deutschland scheint sich dessen aber nicht bewusst zu sein und macht noch zu wenig aus dieser Position. Der Rohstoff Holz wird im eigenen Land noch vergleichsweise wenig genutzt. Dabei gibt es viele Möglichkeiten für den Rohstoff Holz. Zum Beispiel kann man Holz als Baumaterial oder als günstige Energiequelle nutzen. (3)

Holz als Baumaterial

Der Anteil der Holzhäusern Deutschland hat Wachstumspotenzial, denn die Holzpreise sind seit Jahrzehnten ziemlich stabil und andere Materialen wie Stahl werden ständig teurer. Die bautechnischen Vorzüge von Holz darf man auch nicht außer Acht lassen, denn Holz isoliert gut. Es gibt auch Modeerscheinungen, die für das deutsche Holz sprechen. In China beispielsweise ist zurzeit dunkles Holz aktuell und Deutschland liefert dafür Eichenholz. (3)

Auch in der amerikanischen Bauwirtschaft steigt die Nachfrage nach dem Rohstoff Holz. Aufgrund der vielen Unwetterschäden in vielen Gebieten Amerikas reicht das eigene Holz nicht aus und die USA kaufen vermehrt im Ausland, wovon insbesondere auch Deutschland profitiert. Europäische Sägewerke nutzen die Chance und schneiden sich immer größer Scheiben vom boomenden US-Markt ab. Deutsche Sägewerke bestreiten bereits die Hälfte aller US-Importe aus Europa. Tendenz steigend. Westeuropa ist gerade dabei einen erheblichen Teil des Weltmarktes für weiches Schnittholz zu erobern. (4), (6)

Die steigende Nachfrage auf den Weltmärkten nach Schnittholz bekommt der Holzindustrie gut. Deswegen müssen die Waldbesitzer dafür Sorge tragen, dass genug Rundholz für die Verarbeitung zur Verfügung steht. Das dürfte möglich sein, denn Deutschland hat hohe Holzvorräte, da in der Vergangenheit nicht alles genutzt wurde, was zur Verfügung steht. (7)

Holz als Brennstoff

In Zeiten, in denen der Ölpreis von Tag zu Tag höher steigt, sehen sich immer mehr Menschen nach alternativen Energiequellen um. Holz wird verwendet

um Kachelöfen und offene Kamine zu speisen oder aber beispielsweise in Form von Pellets ganze Heizanlagen in Einfamilienhäusern. Diese gepresste Form braucht man bei größeren Anlagen nicht unbedingt, denn da kommen meist die sogenannten Hackschnitzel zum Einsatz. Hackschnitzel sind Späne aus sonst nicht verwertbarem Holz. (8), [Abb.3]
Der Brennstoff kommt generell hauptsächlich als Schwachholz aus dem Wald. Es handelt sich zum größten Teil um bei Pflegemaßnahmen anfallendes Material, welches ansonsten - würde es nicht als Energieträger genutzt - einfach im Wald verrottet. (8)

Der Wald freut sich derzeit über Schnee und Eis

Der Zustand des Waldes ist nicht optimal. Auslöser dafür waren unter anderem die zu trockenen Sommer der vergangenen Jahre. Im Boden ist zuwenig Wasser und viele Pflanzen reichen mit ihren Wurzeln nicht mehr bis zum Wasser. Der Schnee könnte dazu beitragen, dass sich der kranke Wald etwas erholt. Man kann nur hoffen, dass die weiße Pracht langsam im Boden versickert und damit zur besseren Wasserversorgung beiträgt. Auch der lange Dauerfrost nährt die Hoffnung der Förster, dass der Borkenkäfer dezimiert wird. Der Wald freut sich also über Schnee und Eis. (9)

Holzstandort Deutschland soll gestärkt werden

Deutsches Holz erlebt derzeit eine Renaissance. Es ist reichlich vorhanden, schont das Klima und den Geldbeutel, denn es ist als Brennstoff günstiger als Öl. Die Politik möchte in Zukunft zusätzlich Raum für Investitionen im Sektor Holz schaffen, denn eine starke Verwendung von Holz ist nicht nur gelebter Umweltschutz. Heizen mit Holz vermeidet Emissionen und spart Heizkosten. Dass dies immer mehr im Trend liegt, zeigt nicht zuletzt die traurige Tatsache, dass angesichts der hohen Heizöl- und Gaskosten die Zahl der Holzdiebstähle seit Jahren erstmals wieder stark ansteigt. (10)

Fallbeispiele

Baden-Württemberg ist auf einem

guten Weg

In Baden-Württemberg gibt es schon mehr als 170 Holzhackschnitzel-Heizanlagen mit einer Gesamtleitung von rund 120 Megawatt. Der jährliche Holzverbrauch nach Angaben des Ministeriums für Ernährung und Ländlichen Raum liegt bei gut 400 000 Schüttraummetern (Kubikmeter Holzspäne). Das entspreche etwa 36 Millionen Litern oder 1 200 Tanklastzüge Heizöl. Wegen der positiven Auswirkungen hat das Land Fördermittel in Höhe von 12 Millionen Euro bereitgestellt. Derzeit werden in Baden-Württemberg nach Angaben der Landesforstverwaltung jährlich insgesamt etwa eine Million Festmeter Holz (entsprechend 2,8 Millionen Schüttkubikmeter Hackschnitzel) zur Wärme- und Stromgewinnung genutzt. Es stehen aber noch weitere 3,5 Millionen Festmeter Holz nachhaltig zur Verfügung. Es könnte genutzt werden, ohne dem Wald zu schaden. (8)

Zahlen & Fakten

Waldflächen nach Baumartengruppen

Baumartengruppen	Bestand in Deutschland	in Prozent
Eiche	1.110.555	9,6
Buche	1.564.806	14,8
Laubholz hoher Lebensdauer	621.707	5,9
Laubholz niedriger Lebensdauer	1.039.122	9,8
alle Laubbäume	**4.236.190**	**40,1**
Fichte	2.978.203	28,1
Tanne	162.016	1,5
Douglasie	179.607	1,7
Kiefer	2.466.797	23,3
Lärche	297.787	2,8
alle Nadelbäume	**6.084.411**	**57,6**

Quelle: Zweite Bundeswaldinventur 2006-02-18

Entnommen aus: www.infoholz.de

Bedeutung des Wirtschaftszweiges Forst und Holz

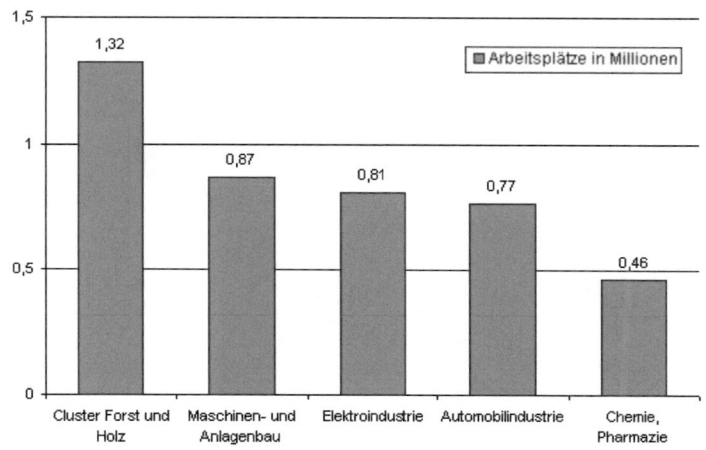

Quelle: Universität Münster und Bundesministerium für Wirtschaft und Arbeit, 2005

Entnommen aus: www.infoholz.de

Holzpellets-Heizungen in Deutschland

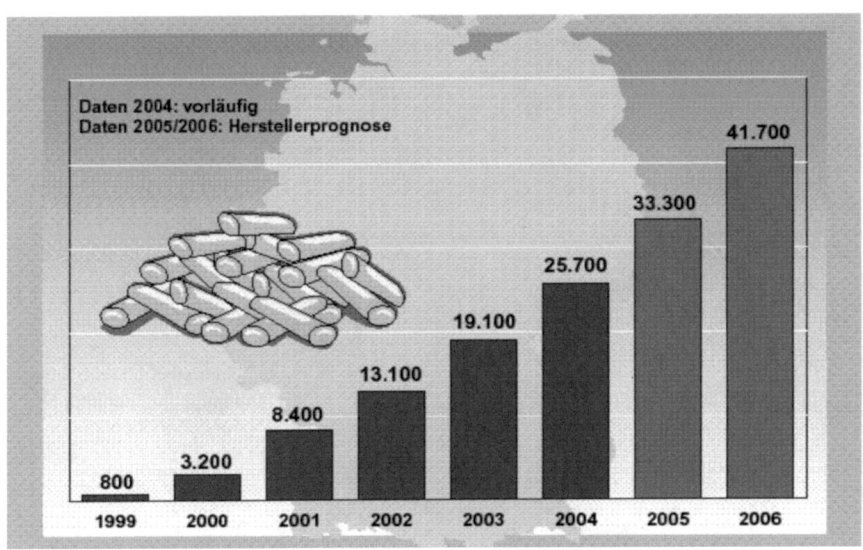

Quelle: Deutscher Energie Pellet Verband

Entnommen aus: Deutscher Bauernverband, Situationsbericht 2006

Weiterführende Literatur

(1) Deutsche Holzbranche fühlt sich unterschätzt - In der Bundesrepublik wird zu wenig Holz genutzt - Vorrat wächst ständig - Branche setzt zunehmend auf Export
aus Giessener Anzeiger vom 28.06.2005

(2) Lachmann, Günther, Bericht der Bundesregierung

nennt als Ursachen der Waldschäden Umweltbelastungen und die Massenvermehrung von Schadinsekten, Welt am Sonntag, 22.01.2006, Nr.4, S. 6
aus Giessener Anzeiger vom 28.06.2005

(3) Auf dem Holzweg
aus Frankfurter Allgemeine Zeitung, 12.11.2005, Nr. 264, S. 11

(4) Wirtschaft kompakt
aus DIE WELT, 19.01.2006, Nr. 16, S. 12

(5) Was kostet der Wald?
aus DIE ZEIT Nr. 04

(6) Odenwälder Holz findet auch Käufer in den USA Steigender Bedarf durch Naturkatastrophen in Übersee / Unsicherheit durch Stürme und Trockenheit in der Heimat
aus Frankfurter Rundschau v. 31.01.2006, S.33

(7) Weltweit steigender Bedarf an Schnittholz tut den Preisen gut
aus Passauer Neue Presse vom 30.01.2006

(8) Holz heizt wie geölt
aus Frankfurter Allgemeine Zeitung, 06.10.2005, Nr. 232, S. 20

(9) Schnee und Frost könnten dem Patienten Wald ganz gut tun - Aber als "Sparkasse" der Stadt hat er ausgedient / Die Nachfrage nach Holz ist gut, der Preis bleibt aber niedrig / Stadt will Deponiegelände

dem Landkreis verkaufen
aus Badische Zeitung vom 03.02.2006

(10) Alte Eichen finden neue Freunde
aus Frankfurter Allgemeine Sonntagszeitung,
29.01.2006, Nr. 4, S. 49

Impressum

Forst- und Holzwirtschaft - Deutsches Holz erlebt eine Renaissance

Bibliografische Information der deutschen Nationalbibliothek

Die Deutsche Nationalbibliothek verzeichnet diese Publikation in der deutschen Nationalbibliografie; detaillierte bibliografische Daten sind im Internet über http://dnb.d-nb.de abrufbar.

ISBN: 978-3-7379-2326-2

© 2015 GBI-Genios Deutsche Wirtschaftsdatenbank GmbH, Freischützstraße 96, 81927 München, www.genios.de

Alle Rechte vorbehalten. Dieses Werk ist einschließlich aller seiner Teile – z.B. Texte, Tabellen und Grafiken - urheberrechtlich geschützt. Jede Verwertung außerhalb der Grenzen des Urheberrechtsgesetzes bedarf der vorherigen Zustimmung des Verlags. Dies gilt insbesondere auch für auszugsweise Nachdrucke, fotomechanische

Vervielfältigungen (Fotokopie/Mikroskopie), Übersetzungen, Auswertungen durch Datenbanken oder ähnliche Einrichtungen und die Einspeicherung und Verarbeitung in elektronischen Systemen.